Einladung zur kleinen Pause

Erholsame Sitzplätze

Fotografisch aufgespürt von
Sieglinde Köhle

Bibliografische Information der Deutschen Nationalbibliothek

Die Deutsche Nationalbibliothek verzeichnet diese Publikation in der Deutschen Nationalbibliografie; detaillierte bibliografische Daten sind im Internet über http://dnb.dnb.de abrufbar.

Wir haben uns bemüht, alle Copyright-Inhaber ausfindig zu machen. Sollte dies in Einzelfällen nicht gelungen sein, bitten wir, dies zu entschuldigen und um Nachricht an den Verlag.

Wenn nicht anders gekennzeichnet, liegen die Bildrechte bei der Autorin.

1. Auflage 2021
© 2021 Morsbach Verlag, Regensburg
Herausgeberin, Konzeption, Texte: Sieglinde Köhle
Fotografie: Sieglinde Köhle, Ausnahmen siehe Abbildungsverzeichnis auf Seite 159
Bildredaktion: Sieglinde Köhle, Gerald Richter
Herstellung: Morsbach Verlag, Regensburg
Druck: Erhardi Druck GmbH, Regensburg

ISBN 978-3-96018-092-0

Alle Rechte vorbehalten. Ohne ausdrückliche Genehmigung des Herausgebers ist es nicht gestattet, dieses Buch oder Teile daraus zu vervielfältigen.

www.morsbachverlag.de

Sieglinde Köhle

Einladung zur kleinen Pause

Erholsame Sitzplätze

Morsbach Verlag

*Für Klaus,
der sich mit mir
über jeden schönen Sitzplatz freut.*

Zeiten der Unruhe

und der Ruhe sind für viele Menschen nicht immer im Gleichgewicht. Oft beherrscht Unruhe das alltägliche Leben. Ständige Erreichbarkeit, Termine und Normen bestimmen den beruflichen und den privaten Alltag. Technische Neuerungen eröffnen neue Möglichkeiten, verschaffen tatsächliche, oft aber auch nur vermeintliche Erleichterungen. Auf der Strecke bleiben nicht selten Ruhe, Erholung und kleine notwendige Pausen.

Erschöpfung

Datenflut

Beschleunigung

Verantwortung

Tempo

Überforderung

Hetze

Ratlosigkeit

Der Mensch – eingebunden in permanente technische Kommunikation – dargestellt von einer Künstlergruppe aus Aserbaidschan. Biennale Venedig

Reizüberflutung

Hektik

Terminzwang

Effizienz

Dauererreichbarkeit

Zeitnot

Ruhepausen

haben eine wunderbare Wirkung.
Überall laden erholsame Sitzplätze dazu ein.

Nachdenken Entschleunigen Sinnieren Innehalten Verlangsamen Nichtstun Wohlfühlen Ausruhen Erinnern Abschalten

Genuss für alle Sinne – ein traumhafter Blick

Abseits vom großen Trubel: Auf dem Campo S. Agnese in Venedig lässt es sich ein wenig träumen vom nächsten bunten Flohmarkt hier

Stille Vorfreude auf ein feines Mittagessen

Diese Marmorbank im Englischen Garten (München) entstand 1838 auf Wunsch von König Ludwig I. von Bayern. Leo von Klenze entwarf eine halbkreisförmige Sitzrunde nach dem Vorbild einer griechischen Exedra.
Darauf steht: „HIER WO IHR WALLET DA WAR SONST WALD NUR UND SUMPF"

Vor der Alten Pinakothek in München lagen viele „Strohballen", aufgerollt aus bunten Plastikhalmen – Idee von Michael Beutler. Viele junge Leute kamen gerne zum Chillen hierher

Wer wäre hier nicht gern zu Gast? Traumhafte Plätze im Malerwinkel am Chiemsee

Genuss und Erholung a la française: Gartencafé in der Provence

Kostenloser Logenplatz vor dem Opernhaus in Oslo. Wer hier sitzt, genießt den Blick auf das moderne Gebäude

Dieser antike Sessel in der venezianischen Buchhandlung „Acqua Alta" hat wohl schon mehrmals Hochwasser erlebt

Gemeinsames Sitzen auf der Wiese - Yoga im Englischen Garten

An warmen Sommerabenden sitzt man gern auf dem Brunnenrand

Liegestühle versprechen überall Bequemlichkeit und Erholung

Das Hängenetz im Schrebergarten ermöglicht ein genussvolles Schaukeln in der Abendsonne

Schwungvoll zwischen Bäumen und Bergen im Chiemgau

Genussvolle Abendstunde vor dem Haus

Der Künstler Daniel Spoerri stellte in seinem Skupturenpark am Monte Amiata
auch eine praktische fahrbare Gartenbank

Gemeinsam sitzen – gemeinsam feiern. Ein festliches Mittagsmahl unter Schatten spendenden Bäumen beschließt eine Wohltätigkeitsveranstaltung im Chianti-Tal

Zierliche und dekorierte Bänke neben der Haustür wirken oft wie kleine Schmuckstücke.
Besonders häufig sieht man sie im Alpenvorland

Landauf – landab werden Ruhe, Erholung und Entspannung angeraten.
Möbeldesigner zaubern dafür fantasievolle Sitz- und Liegegebilde

Der „schnelle Sitzplatz" entsteht mit einem Klappstuhl aus dem Kofferraum.
Ein Ruhestündchen am Ufer des Kochelsees

Ländliche Idylle am Weiher mit einem verwittertem Liegestuhl

Bis zum Abend könnte man hier bleiben, um bei der Heuernte zuzuschauen

Urlaubsträume im Schaukelkorb am Meer

Viel Schönes gibt es zu sehen in der Töpferei des Freilichtmuseums Glentleiten in Oberbayern

Diesen „Isarfaulenzer" bietet ein Handwerker im oberbayerischen Egling zum Kauf an

Mitten in der Stadt sitzt man gerne im feinen Wasserdunst des Springbrunnens

Ruheplatz für den schwerelos schwebenden Astronauten. Kunstobjekt der Biennale Venedig

Eine durch Brand rußgeschwärzte Christusfigur steht in der romanischen Seitenkapelle der Kirche St. Sylvester in München. Eine gemauerte Bank mit kleinen Filzpolstern lädt zum stillen Verweilen ein

Opa und Enkelin besuchen die Kirche S. Crisostomo (Venedig);
sie setzen sich in die vorderste Kirchenbank

Gemälde des italienischen Malers Eugenio Tomasi: Ausblick von der Badenburg zum gegenüberliegenden Apollo-Tempel im Schlosspark München-Nymphenburg. Zeit etwa 1920

Fast unverändert 100 Jahre später: der gleiche Blick von der Bank über den See

Die graziöse Sitzhaltung bezaubert. Bronzefiguren auf dem Hauptplatz von Casole d`Elsa (Toskana)

42

Eine kleine Rast auf den Stufen des Brunnens vor der Münchner Frauenkirche unterbricht den anstrengenden Stadtrundgang

Ungestörter Ruheplatz auf dem Hochstuhl. Hafenpromenade Oslo

Viele Transport- und Handwerkerboote schlängeln sich Tag für Tag durch die Seitenkanäle Venedigs. Für die Ruhepausen hat sich ein Arbeiter den bequemen Stuhl aufs Schiff gestellt

Fantasievoll, bunt, dekorativ und auch bequem – Sitzkreationen von Carla Tolomeo. Gesehen in einem Showroom in Venedig

Der „König" unter den Gästestühlen in einer kleinen Osteria

Besonders Kinder sitzen gern neben diesem Frosch im Zentrum von Oslo

48

Ruhebank für Gäste vor dem Hotel „Beim Has'n" im Chiemgau

Der Besuch im Nationalmuseum Oslo war anstrengend. Erholsam sind die Plätze in der Fensternische

Plauderstündchen auf dem Balkon eines venezianischen Palazzo

Bei über 30 Grad hilft nur noch die Bierbank im kühlen Schliersee

Herr und Hund im Ruhestand

Ungern verlässt man am Abend den Liegestuhl, wenn die Luft am Meer milder wird und die Sonne lange Schatten wirft

Familienpicknick im gut besuchten Skulpturenpark Vigeland in Oslo

Ein Schattenplatz im Garten einer venezianischen Villa

Rückzug vom Alltagsgetriebe

Reichlich provisorisch – Nutzung einer Baulücke zum Kaffeetrinken

Baumstümpfe können zu rustikalen Sitzplätzen werden, nicht nur im Gebirge, sondern auch im Englischen Garten in München

Bequem? Stuhllehnen wurden verankert in einem Baumstamm.
Eine künstlerische Sitz-Idee, gesehen vor dem Haus der Kunst in München

Ein Schläfchen auf der Bank. „Träumelinchen I + II" nennt die Künstlerin Stefanie von Quast ihre Skulpturen aus Eichenholz. Entdeckt in Neufahrn / Tölzer Land

Auch der kleinste Barhocker kann erholsam sein

In einem Münchner Modehaus können sich Kunden in gläsernen Halbkugeln (Bubble Chair) schwingend bei Kaffee und Kuchen ausruhen

Genussvolles Abendessen auf dem Boot mit Blick auf den Campanile von Venedig

Der Sitzplatz im Hotelpool an der Adria bietet eine echte Wohlfühlalternative zum Strand

Köstliche Erfrischung auf einem unkomfortablen „Notsitz"

Diese eigenwillige Sitzkonstruktion auf der venezianischen Laguneninsel Sant' Erasmo verleitet manchen Inselwanderer zu einer unvorhergesehenen Pause

Mit Geschicklichkeit kann man auch auf diesem Ambigramm (Love & Hate) Platz nehmen.
Das Kunstwerk von Mia Florentine Weiss war lange Zeit die Attraktion am Münchner Siegestor

Umgeben vom Stadtverkehr gibt es Live-Musik in der kleinen Grünanlage.
Wer will, kann sich ans Klavier setzen

Zwei Sessel im Kurpark von Oberstdorf warten auf den Frühling und die Gäste

Ausgediente Snowboards wurden umgestaltet in eine Sitzbank mit Lehne, gesehen vor einem Sportgeschäft in Oberstdorf

In ausgedienten Gondeln aus dem Zillertal (Finkenberger Almbahn) kann man sich zur Brotzeit treffen. Die kleinen Kabinen stehen zur Winterzeit im Münchner Englischen Garten neben dem Milchhäusl, sie sind mit warmen Decken ausgestattet und dekoriert mit einem kleinen Blumenstock

Wohlfühlplätze einfacher Art gibt es im Münchner Studentenviertel

Bank für den Gondoliere

Schiffsförmige Ruhebänke auf der Promenade in Rimini

Junge Leute treffen sich gern in der Münchner Feldherrnhalle; sie sitzen – ohne Polster und Kissen – zu Füßen des bayerischen Generals Carl Philipp von Wrede

Künstlerische Pause auf den Kirchenstufen

Ferienpradies am Chiemsee

Ist dieser Platz noch frei? Ein seltener Gast in einem oberbayerischen Wirtsgarten

Stuhl mit farbigen Leuchtstäben,
vorerst noch im Schaufenster

Das Chauffieren einer Gondel im Stehen ist anstrengend. Eine Spaghetti-Pause tut gut

Der berühmte gelbe Stuhl, ein Gemälde des Malers Vincent van Gogh

Vom Sitzen – ein geschichtlicher Überblick:

In der Frühzeit der Menschheitsgeschichte saßen, kauerten, hockten oder knieten die Menschen auf dem Boden, vielleicht auch auf Steinblöcken oder Baumstämmen. Felle und Pflanzenmatten sorgten für „Komfort". Erst nach der Sesshaftwerdung entstanden handwerkliche Sitzmöglichkeiten – nachgewiesen sind im frühen Ägypten Hocker mit drei Beinen. Noch im Mittelalter war der einfache Schemel weiterhin üblich. Luxuriösere Varianten hatten nur die weltlichen oder geistlichen Würdenträger. Ab dem 16. Jahrhundert standen dann auch Stühle in den Häusern wohlhabender Bürger. Erst zur Zeit der Industrialisierung gehörte der einfach gestaltete Stuhl zum üblichen Sitzmobiliar. Handwerker und Designer schufen nach und nach zahlreiche Modelle. Die zunehmende Freizeitkultur sorgte auch für die Aufstellung von bequemen Gartensesseln und Ruhebänken im Freien.

Im Seitenraum einer italienischen Pizzeria warten vier Stühle auf Gäste.
Jeder Stuhl hat seinen eigenen Charakter

Die originelle künstlerische Idee zur Gestaltung dieses Stuhls hatte der Schweizer Daniel Spoeri.
Das Objekt steht in seinem Skulpturenpark in der Toskana

Absperrbare, diebstahlgeschützte Hocker auf einem Autorastplatz in der Steiermark

Eine echte Handarbeit

Den Blick in die Allgäuer Alpen zu genießen ist Entspannung pur

Vorbereitet für ein „Schaukelmenu" in einem italienischen Gartenrestaurant

Eine geniale Erfindung aus dem Jahr 1882: der Strandkorb.
Er ist gleichermaßen beliebt an der Ost- wie an der Nordsee

Strandkörbe aus Kühlungsborn bringen Ostsee-Flair auf die Isar-Insel mitten in München

Der Thron

Als Thron bezeichnete man im Altertum den Sitz der Götter, erst später dann auch den Sitz weltlicher Herrscher. Ein besonders prachtvoller Sessel, kunstvoll gearbeitet aus verschiedenen Materialien und verziert mit Elfenbein, Gold und Edelsteinen, war ausschließlich hohen Klerikern und weltlichen Monarchen vorbehalten. Jahrhunderte lang nahmen der Papst und hohe kirchliche Würdenträger sowie Kaiser und Könige darauf Platz.

Neben dem Papstthron (Cathedra Petri) und vielen europäischen Thronsitzen sind unter anderen der ägyptische Löwenthron der Pharaonen, der persische Pfauenthron, der chinesische Drachenthron und der japanische Chrysanthementhron bekannt.

Thronsessel mit prächtigem Baldachin für König Ludwig I. von Bayern in der Münchner Residenz

Nach dem Vorbild bedeutender Potentaten der Weltgeschichte beanspruchte König Ludwig II. von Bayern einen Pfauenthron in seinem Schloss Linderhof.
Hier ließ er sich von verhüllten Dienern den Tee servieren

Der „Thron des Attila" auf der Insel Torcello war in der Frühzeit Venedigs vermutlich der Sitz des Bischofs, des Bürgermeisters oder des Tribuns bei der Rechtsprechung

Ungestört inmitten einer Baustelle

Pfiffig und lässig – der tropfenförmige Sitzsack, eine Kreation des italienischen Designers Gatti Padini aus dem Jahr 1968, ist besonders beliebt bei jungen, sportlichen Leuten

Einsam im Biergarten Kühbach

„Ich bin immer, auch im Leben, für Ruhepunkte.
Parks ohne Bänke können mir gestohlen bleiben."
Theodor Fontaine

Rückzugsecke im Hotel

Die Plätze am Kachelofen in einer oberbayerischen Gaststube sind immer schnell besetzt.
Wohlige Wärme fördert die Gemütlichkeit beim Essen und bei den Gesprächen

Auch Bänke haben ihr Schicksal.
Sie sind gesucht und beliebt in der wärmenden Mittagssonne ...

... und werden schnell verlassen, wenn die Sonne verschwindet und die Kälte einfällt

Der einsame Stuhl auf der einsamen Insel
ermöglicht den beschaulichen Blick über den Kanal zur Insel Mazzorbo

Der Sitzplatz über dem Sitzplatz –
zu sehen in der Münchner Residenz

Ein kleines Familientreffen wird vorbereitet.
Die lustigen ländlichen Stühle verbreiten schon vorab eine heitere Atmosphäre

Rückzug und ungestörtes Beisammensein auf einem Bootssteg am Starnberger See

Pause nach dem Sport

Ein Klappsitz zum Mitnehmen,
besonders beliebt in England bei sportlichen Ereignissen im Freien

Froh um diese Sitzmöglichkeit im Getriebe der Stadt

Große Steinquader im Park bieten dem Spaziergänger die Gelegenheit zu einer kurzen Ruhepause

Die Schaukel des bayerischen Prinzregenten im Garten des Prinz-Luitpold-Bades im Allgäu ermöglicht einen majestätischen Ausblick auf Bad Oberdorf

Im Raiffeisen-Viertel von St. Gallen gestalteten ein Architekt und eine Künstlerin Freiräume zum größten „öffentlichen Wohnzimmer" der Schweiz. Ein rotes Kunststoffgranulat überzieht Bodenfläche, Möbel, Skulpturen und viele Sitzmöglichkeiten

Eis im Sessel „Eistüte": ein doppelter Genuss?
Die Form einer Eistüte hat den Designer Verner Panton inspiriert zum Entwurf eines
POP-ART-Stuhls. Unter dem Namen „Cone", bzw. „Eistüte" wurde er erstmals im
Jahr 1958 in Kopenhagen hergestellt

Französische Lebensart: Entspannung im Bistro „Le Cigale"

Die Rundbank um die Weide bietet vielen Wanderern einen gemütlichen Brotzeitplatz mit Blick auf den Ammersee

Mehr als sieben Zwerge haben hier am See Platz

117

Sitzbadewannen sind weitgehend aus der Mode gekommen. Ein antikes Modell findet man heute noch dekorativ aufgestellt in einem venezianischen Garten

Ein warmes Bad ist im allgemeinen eine sehr wohltuende Angelegenheit. Ungewöhnlich heftig geht es jedoch in dieser Wanne zu. Die beiden Herren Müller-Lüdenscheidt und Dr. Klöbner sitzen sich ungewollt gegenüber. Idee von Vicco von Bülow, alias Loriot, gestaltet von Bildhauer Max Wagner. Zu sehen in Münsing nahe dem Starnberger See

Im Kurpark von Bad Wörishofen entdeckt der Spaziergänger auf sogenannten „Glückswegen" diese Kommunikationsbänke. Gespräche sind Bestandteil des Kneipp`schen Heilkonzeptes

Ein paradiesischer Platz – die Äpfel sind greifbar nahe.

Müde Touristen in München: Die Stufen des Nationaltheaters bieten ihnen für kurze Zeit „Opernplätze" mit schönem Blick

Richard Wagner lädt ein, Platz zu nehmen auf dieser Bank in Bayreuth

Diese beiden Gras-Sofas im Spoerri-Kunstpark verleiten beim Anblick sofort zum Probesitzen, doch beim längeren Verweilen ist es nicht besonders bequem, das trockene Gras sticht ein wenig

Auf diesem komfortabelen Hochsitz dürfen die Beine und die Gedanken entspannen

Idylle im Heimgarten

Der Gast hat Platz genommen – die Zeremonie kann beginnen. Anlässlich der Olympiade 1972 schenkte die Stadt Sapporo (Winterolympiade) der Stadt München (Sommerolympiade) ein originales japanisches Teehaus, das noch immer im Englischen Garten steht. Auflage ist nach wie vor, dass der Raum kulturell genutzt bleibt. Mehrmals im Jahr können Besucher teilnehmen an Vorführungen von Teezeremonien, die hier auf ausgelegten Reisstrohmatten im Original-Ritus stattfinden

**ATTENZIONE FIORIERE PRIVATE!
NON SON PUBBLICHE!!
RISERVARTE AI CLIENTI CHE CONSUMANO
PESO MASSIMO 80KG**

Eine nicht öffentliche Bank vor einem italienischen Feinkostladen in Chioggia.
Für die Benützung gibt es zwei Bedingungen: Man muss Kunde sein und darf nicht mehr als 80 kg wiegen

Der Gondoliere geht in der Mittagszeit seinem Hobby nach.
Ein privilegierter Platz!

Auf Luxusplätzen durch die Großstadt

Fatamorgana für den Radler? Ein überdimensionaler Stuhl vor einem Dekorationsgeschäft

Wartehäuschen für Pendler sind von unterschiedlicher Liebenswürdigkeit.
Perfekt scheint dieses hier im malerischen Vorarlberg

Nachmittägliche Ruhestunde im Rosengarten

Farbenfroher Blickfang

Soeben geerntete Äpfel werden auf der Sitzbank ausgestellt

Selten sieht man eine solche Sitzkonstruktion wie hier auf der venezianischen Laguneninsel San Servolo. Ein eiserner Tisch, rundherum um einen Baumstamm gebogen, wird so mit den Stuhlbeinen verbunden, dass die Stühle nur im Kreis verschiebbar sind. Die schmückenden roten Herzen und die grünen Schnecken aus Glas leuchten besonders farbig in der Abendsonne. Ein idyllischer Platz, wie man ihn nur durch Zufall findet

Unter dem Dach des „Schwammerls" im Englischen Garten ist Platz für die ganze Familie

Abendliches Picknick auf dem schmalen Geländer der Hackerbrücke in München

Kein Sitzplatz für jedermann. Der Baumkletterer ruht sich auf einer Astgabel aus

Auf einem Baumstamm sitzen zwei aus Holz geschnitzte Fischerfiguren.
Erzählen sie einander vom erfolgreichen Fischfang am Ammersee?

Die Bank an einer Hauswand erfreut als heiteres bäuerliches Kunstwerk.
Gerne möchte man sich zu dem hübschen Paar dazusetzen

Architektonische Idee: eingebaute Bänke auf einer Münchner Isarbrücke

Dieser venezianische Palast bietet herrschaftliche Plätze für jedermann, wenn auch nur im Freien

Sonntag – Ruhetag

Ein Appell, dem jeder gerne oft folgen würde

Die moderne „Kuschelecke" sorgt für Wärme, Wohlbefinden, Gesundheit

Hier kann der Einkauf noch einmal in Ruhe überlegt werden

Die Enzian-Bank in Aschau wird ergänzt durch einen Briefkasten; darin findet der Wanderer eine hübsche Geschichte

Kunstvoll, aber auch bequem?
Bank im Markgräflichen Schlosspark „Fantaisie" in Bayreuth

Die Anordnung dieser Bänke in der Pinakothek der Moderne ist ungewöhnlich; sie ermöglicht unterschiedliche Blickrichtungen

Der Angler am Giudecca-Kanal genießt seine Pause ebenso wie den Ausblick auf Venedig

Beliebter Treffpunkt auf der Bank vor der Kapelle „Maria Dank"

Auf beiden Seiten dieses Steinblocks kann man in Sitznischen Platz nehmen – wenn man nicht zu groß ist.
Bildhauerarbeit des lettischen Künstlers Girts Burvis in der „Skulpturen-Lichtung" in Valley

Der stachelige Kugelkaktus hatte einstmals den spaßigen, wenn auch unfreundlichen Beinamen „Schwiegermuttersitz". Freilich gehört diese Bezeichnung längst der Vergangenheit an! Im Münchner Botanischen Garten stehen solche Prachtexemplare zum Betrachten (und zum Ausprobieren...)!

Ein riskanter Sitzplatz. Einladung in eine Künstlerwerkstatt in Bregenz

Ob Bello diesen Sitzplatz gemütlich findet, ist fraglich. Hauptsache, sein Herrchen sitzt neben ihm

Der Dackel ist selten ein „Langstreckenläufer". Er fordert gern zum Hinsetzen auf

„Wenn das Glück kommt, stell ihm einen Stuhl hin".
Der Maler Paul Kaminski interpretiert diese Empfehlung in einem köstlichen Bild

Mein besonderer Dank gilt Gerald Richter.
Mit großer Einfühlung ging er auf meine Vorstellungen und Wünsche bei der Gestaltung des Buches ein. Die Zusammenarbeit – an vielen Nachmittagen – war immer kreativ und heiter außerdem.

Abbildungsnachweis

Alle Bilder wurden von Sieglinde Köhle fotografiert mit Ausnahme von:

Seite 1:	Gerald Richter
Seite 33:	Jörg Köhle
Seite 52:	Sonja Gruber
Seite 82:	https://upload.wikimedia.org/wikipedia/commons/9/96/Vincent_Willem_van_Gogh_138.jpg?uselang=de: The National Gallery Photographic Department
Seite 94:	DI005595 Schloßpark Linderhof, Maurischer Kiosk mit Pfauenthron (Inv. M1 LinM-K), Entw.: Franz Seitz, Ausf.: Le Blanc-Granger, A. Pössenbacher, 1877, Zustand nach der Restaurierung 2016 © Bayerische Schlösserverwaltung Rainer Herrmann, München
Seite 123:	Manfred Glueck / Alamy Stock Fotos
Seite 124:	Susanne Neumann, HIC TERMINUS HAERET – FONDAZIONE IL GIARDINO DI DANIEL SPOERRI
Seite 149:	Angelika Hanisch
Seite 158:	Paul Kaminski

Weitere Bücher von Sieglinde Köhle im Morsbach Verlag:

Venedig der Venezianer
Eine unbekannte Bekannte in 81 Facetten
2. Auflage 2015,
192 Seiten, Hardcover,
mit zahlreichen farbigen Abbildungen.
21,5 × 25,0 cm
ISBN: 978-3-937527-67-3

Preis: 24,90 €

Venedig
15 Inseln in der Lagune
1. Auflage, 2016, 192 Seiten, Hardcover,
mit zahlreichen farbigen Abbildungen.
21,5 × 25,0 cm
ISBN: 978-3-96018-015-9

Preis: 24,90 €